BEI GRIN MACHT SICH IHR WISSEN BEZAHLT

- Wir veröffentlichen Ihre Hausarbeit, Bachelor- und Masterarbeit

- Ihr eigenes eBook und Buch - weltweit in allen wichtigen Shops

- Verdienen Sie an jedem Verkauf

Jetzt bei www.GRIN.com hochladen und kostenlos publizieren

Die Geschichte und Regeln der Sütterlinschrift

Bibliografische Information der Deutschen Nationalbibliothek:

Die Deutsche Nationalbibliothek verzeichnet diese Publikation in der Deutschen Nationalbibliografie; detaillierte bibliografische Daten sind im Internet über http://dnb.d-nb.de abrufbar.

ISBN: 9783346477224
Dieses Buch ist auch als E-Book erhältlich.

Druck und Bindung: Books on Demand GmbH, Norderstedt Germany
Gedruckt auf säurefreiem Papier aus verantwortungsvollen Quellen

Das vorliegende Werk wurde sorgfältig erarbeitet. Dennoch übernehmen Autoren und Verlag für die Richtigkeit von Angaben, Hinweisen, Links und Ratschlägen sowie eventuelle Druckfehler keine Haftung.

Das Buch bei GRIN: https://www.grin.com/document/1064639

Universität Regensburg
Institut für Germanistik
Lehrstuhl für Deutsche Sprachwissenschaft
Seminar 35412: „Handschriften"
Sommersemester 2019

Die Geschichte und Regeln der Sütterlinschrift

Inhaltsverzeichnis

1   Einleitung 3

2   Die Sütterlinschrift 4

    2.1   Geschichte und Entstehung 4

    2.2   Alphabet und Zahlen nach Sütterlin 6

    2.3   Merkmale 7

       2.3.1   Kleinbuchstaben 8

       2.3.2   Großbuchstaben 11

3   Der Normalschrifterlass 14

    3.1   Vorgeschichte 14

    3.2   Das Ende der Sütterlinschrift 14

4   Die lateinische Schreibschrift 16

5   Fazit 17

6   Quellenverzeichnis 18

    6.1   Literaturverzeichnis 18

    6.2   Tabellenverzeichnis 19

    6.3   Fonts 19

1   Einleitung

Schrift ist eine der wichtigsten Errungenschaften in der Entwicklung der Menschheitsgeschichte. Durch sie ist es möglich, dass das Gesprochene nicht nur für den Moment besteht und nur mündlich überliefert, sondern für lange Zeit unverändert festgehalten werden kann. Unterschiedliche Kulturen verwenden dabei verschiedene Techniken beziehungsweise Schriften. Oftmals kommt es innerhalb von Kulturkreisen zu Eigenheiten bei der Verschriftlichung. Auch innerhalb Deutschlands hat es immer wieder Veränderungen bei den Schriften gegeben. Deutlich lässt sich dies bei Büchern und Dokumenten früherer Epochen erkennen. Die jeweiligen Schrifttypen lernten die Autoren oder Verfasser zu Beginn ihrer Schulzeit. Eine dieser Schriftreformen, die den Schulbetrieb stark prägten, fand während der Zeit der Weimarer Republik bis hin zum Dritten Reich, statt.

Im Folgenden wird eine Schreibschrift vorgestellt, die in ihren Anfängen stark diskutiert und erprobt wurde. In der Weimarer Republik wurden Versuche in der pädagogischen Praxis in Schulen und Lehrerseminaren durchgeführt. Als Ergebnis wurde die neue Schrift schließlich 1934 als offizielle Schulausgangsschrift an deutschen Schulen eingeführt.[1] Die Rede ist von der deutschen Schreibschrift Sütterlin.

Zu Beginn werden die Geschichte und der Ursprung der Schrift erklärt und das Alphabet dargestellt. Im weiteren Verlauf sind die genauen Merkmale und Schwierigkeiten bei den Klein- sowie Großbuchstaben erläutert. Ferner ist der Wendepunkt der Sütterlinschrift unter dem nationalsozialistischen Regime beschrieben, um im Anschluss die nach dem Normalschrifterlass geltende lateinische Schreibschrift darzustellen.

---

[1] Vgl.: Bettina Irina Reimers: Ludwig Sütterlins Konzept einer Schrift – Methode und Praxis des Schreibenlernens. S. 251.

2   Die Sütterlinschrift

2.1   Geschichte und Entstehung

Um ca. 1900 gab es in den Schulen bislang keine einheitliche Regelung, welche Schreibstile im Unterricht verwendet werden sollten. Dadurch ergab sich, dass verschiedene Länder und Städte unterschiedliche Ausprägungen der Kurrentschrift lehrten.

Höhere Schulen verwendeten andere Alphabete als die, die Schüler bislang in der Unterstufe im Unterricht erworben hatten. [2] Es folgten Forderungen für ein einheitliches Alphabet, das in Volksschulen zu verwenden ist. Inhalt der Anforderungen waren, dass

> „die Buchstaben eine einfache und ungekünstelte Form haben, welche in ihrer charakteristischen Gestaltung die Erkennbarkeit […] und […] Unterscheidung voneinander gewährleistet; überdies sollten sie einzeln und in ihrer Verbindung untereinander flüssig darstellbar sein". [3]

Medizinische Bedenken, bezüglich der ungesunden Schreibhaltung und der starken Belastung der Augen von Schülern, ergaben eine Diskussion, an der sich das preußische Kultusministerium beteiligte.

Zeitgleich legte Ludwig Sütterlin (1865-1917) anlässlich der Hauptversammlung deutscher Zeichenlehrer im Jahre 1907 in Hamburg einen Schriftentwurf für die deutsche sowie lateinische Schrift vor.

Der aus Berlin stammende Maler, Grafiker und Pädagoge wollte mit seinem Entwurf die geforderten Eigenschaften an die neue Schreibschrift erfüllen.

> „Unsere neuen Buchstaben sollen dagegen weiter nichts sein als schlichte Vorbilder für den Anfangsunterrichts, die an die kindliche Auffassungs- und Darstellungsfähigkeit nur geringe Anforderungen stellen. Sie wollen die Grundlage sein, auf der im Verlaufe der Unterrichtsjahre die weitere Entwicklung zu flüssigen, schönen und deutlichen Handschriften sich vollziehen kann." [4]

---

[2] Vgl.: Bettina Irina Reimers: Ludwig Sütterlins Konzept einer Schrift – Methode und Praxis des Schreibenlernens. S. 231.
[3] Ebd.: S. 234.
[4] Sütterlin, Ludwig: Neuer Leitfaden für den Schreibunterricht. S. 21.

Nachdem Sütterlin 1910 die Möglichkeit erhielt, seine Schrift-Entwürfe dem preußischen Kultusministerium vorzustellen, erhielt er daraufhin den Auftrag, die neue Schrift auf ihre Alltags- und Schultauglichkeit erstmals praktisch zu erproben.[5]

Er kam zu der Erkenntnis, „dass die bereits ausgeprägte Handschrift der Erlernung neuer Schriftformen im Sinne einer Reform als fast unüberwindbares Hindernis entgegenstanden".[6]

Bei einer zweiten Erprobung wurden Schulanfänger als Zielgruppe festgelegt, damit ausschließlich die deutsche Schrift als Schreibweise gelehrt wurde. Zudem entwickelte Sütterlin mehrere Angebote zur Lehrerfortbildung, bei dem die Anforderungen an einen zeitgemäßen Schreibunterricht übermittelt wurden.[7]

Nach drei Jahren, in denen die Umsetzbarkeit im Schulalltag fortlaufend durch mehrere Lehrkräfte positiv erprobt wurde, beschloss Sütterlin die Fortsetzung seiner Lehrer-Arbeitsgemeinschaft nicht mehr weiterzuführen. Es folgte die Erprobung seiner Schreibschrift im ganzen Reich. Hierfür erstellte er Einführungskurse mit einer Dauer von drei Tagen mit insgesamt 21 Stunden Unterricht. Im Sommer des Jahres 1914 veranlasste Sütterlin den Druck von Musteralphabeten, nachdem diese von der zuständigen Kommission geprüft wurden. Diese Musterblätter dienten als Grundlage für den Unterricht der Lehrer wie auch der Versuchsklassen.

Die offizielle Einführung der Schrift in den Schulen wurde 1915 durch das preußische Kultusministerium veranlasst. In den Jahren 1914 und 1915 erlernten bereits ca. 520 Grundschüler die neue Schreibweise.[8] Allmählich wurde die bis dahin übliche Form der deutschen Kurrentschrift durch die Sütterlinschrift ersetzt. Nach einigen Änderungen wurde der von Sütterlin entwickelte ursprüngliche Schrifttyp ab dem Jahr 1935 zur neuen deutschen Volksschrift ernannt und dadurch grundlegender Bestandteil des offiziellen Lehrplans.[9] Zwei Jahre nachdem seine Schreibschrift in Preußen eingeführt wurde verstarb Ludwig Sütterlin am 20. November 1917 in Berlin. Somit erlebte er den Erfolg seines Entwurfs in der Weimarer Republik sowie das überraschende Verbot seiner Handschrift im dritten Reich nicht mehr. [10]

---

[5] Vgl. ebd.: S. 235ff.
[6] Reimers, Bettina Irina: Ludwig Sütterlins Konzept einer Schrift – Methode und Praxis des Schreibenlernens. S. 238.
[7] Vgl. ebd.: S. 239.
[8] Vgl. ebd.: S. 243ff.
[9] Vgl.: Konersmann, Paula: Warum alle Schüler seine Schrift lernen mussten.
[10] Vgl.: Becker, Claudia: Sütterlin, so korrekt wie eine preußische Armee.

2.2 Alphabet und Zahlen nach Sütterlin

Die folgende Tabelle zeigt Sütterlins Entwürfe seiner neu gestalteten Groß- und Kleinbuchstaben für die Verwendung im Schulunterricht.

A	a	α		L	l			U	u		
B	b			M	m			V	v		
C	c			N	n			W	w		
D	d			O	o			X	x		
E	e			P	p			Y	y		
F	f			Q	q			Z	z		
G	g			R	r			Ä	ä		
H	h			S	s			Ö	ö		
I	i			rundes s		–		Ü	ü		
J	j			–	ß	–					
K	k			T	t						

Tabelle 1 - Alphabet nach Sütterlin

Auch die Zahlen von 0 bis 9 wurden von Sütterlin umgestaltet. Ebenso wie die Großbuchstaben zeichnen sich die Ziffern durch breite und offene Formen aus. Alle Rundungen werden von nun an als voll geschwungene Kreisbogen geschrieben.[11]

0	1	2	3	4	5	6	7	8	9
0	1	2	3	4	5	6	7	8	9

Tabelle 2 - Zahlen nach Sütterlin

Zur Erstellung beider Tabellen wurde der Font „Sütterlin", erstellt von R.G. Arens der Universität Saarbrücken, verwendet.[12]

---

[11] Vgl.: Melchior, Friedrich: Neugestaltung des Schreibunterrichts nach Sütterlin. S. 36.
[12] Arens, R.G.: „Sütterlin".

2.3   Merkmale

Sütterlins Handschrift gehört zu der Gruppe der gebrochenen Schriften, welche sich durch wiederholte abrupte Richtungswechsel beim Schreiben auszeichnen. Sie ist eine spezielle Form der Kurrentschrift und grenzt sich hauptsächlich durch die Änderung in der Lineatur von dieser ab. Während Kurrent in einer Fünfteilung im Verhältnis 2:1:2 geschrieben wird, liegt bei Sütterlin eine Dreiteilung im Verhältnis 1:1:1 vor.[13] Der Grafiker empfand die früheren Maßverhältnisse „unnötig groß" [14]. Somit werden Ober- und Unterlängen verringert, wodurch es Schülern leichter fällt, ordentlicher und schneller zu schreiben. Die Grundformen der Kurrentschrift bleiben jedoch bestehen. Sütterlin vereinfachte die Buchstabenformen und führte den vollrunden Bogen ein. „Überflüssige Schnörkel und Verzierungen"[15] der alten Buchstaben wurden vermieden.

Die Sütterlinschrift zeichnet sich vor allem durch die Geradestellung der Buchstaben und die Gleichmäßigkeit der Schriftstärke aus. Im Gegensatz zur alten Schrägstellung der Schrift stimmt die Sütterlinschrift mit den Linienführungen der Druckschrift überein. Aufgrund der aufrechten Stellung der Schriftzeichen entsteht zudem eine größere Weite und Offenheit des Geschriebenen. Zum Schreiben von Sütterlins Handschrift wurde für die Schüler der Gebrauch der damals noch üblichen Spitzfeder abgeschafft. Ludwig Sütterlin ließ sie von nun an mit einer Kugelspitz- bzw. Gleichzugfeder schreiben, die alle Linien gleich stark ausführt.[16] Ein weiterer Grund für den Federwechsel war die unnatürliche Schreibhaltung der Hand. Denn mit der damaligen Stahlfeder als Schreibwerkzeug war der Wechsel zwischen feinen und breiten Haar- und Grundstrichen für Schüler nicht ohne die Gefahr des Verwischens des bisher Geschrieben möglich.[17] Des Weiteren wird durch die Geradestellung der Buchstaben das Schrägsitzen der Schüler vermieden und die dadurch resultierenden Schäden der Wirbelsäule reduziert.[18]

Die Aufstriche der einzelnen Buchstaben beginnen und enden in der Mittelhöhe der Mittellänge. Deshalb können Ober- und Unterlängen besser unterschieden werden. Ferner werden durch den daraus entstandenen Zwischenraum einzelne Wörter klarer voneinander unterschieden.

---

[13] Vgl.: Geschier, Karl: Die neue Schrift (Sütterlin). S. 18.
[14] Sütterlin, Ludwig: Neuer Leitfaden für den Schreibunterricht. S.21.
[15] Geschier, Karl: Die neue Schrift (Sütterlin). S. 19.
[16] Vgl.: Schultz, Björn: Ludwig Sütterlin und andere Erneuerer der altdeutschen Schrift im 20. Jahrhundert.
[17] Vgl.: Konersmann, Paula: Warum alle Schüler seine Schrift lernen mussten.
[18] Vgl.: Sütterlin, Ludwig: Neuer Leitfaden für den Schreibunterricht. S.33.

Für einige Buchstaben bzw. Buchstabengruppen gibt es gewisse Regeln, welche im Folgenden genauer beschrieben werden.

2.3.1 Kleinbuchstaben

Buchstaben mit senkrechten Abstrichen:

Die obige Folge zeigt die Buchstaben: **i   n   u   ü   m   e**

Stehen diese Schriftzeichen am Anfang oder Ende eines Wortes, müssen die An- bzw. Endstriche kurz ausgeführt werden. Bei einer Doppelschreibung von **m** und **n**, ist der Verbindungstrich aufgrund der besseren Lesbarkeit und Deutlichkeit verlängert dazustellen.

Die Buchstaben **n**, **u** und **ü** werden quadratisch geschrieben. Sie sind genauso hoch wie breit. Um eine Verwechslung zwischen **n** und **e** zu vermeiden, sollte das **e** ca. die Hälfte der Breite des Zeichens **n** betragen. Der Bogen, der zur Kennzeichnung über dem **u** angebracht wird, hat die Form eines Kreisbogens.

Der **i**-Strich sowie die Umlautstriche werden parallel zu den Aufstrichen von unten nach oben durchgeführt. Die Oberzeichen, zu denen auch der **u**-Bogen zählt, werden erst zum Schluss des Wortes gesetzt.

Buchstaben mit Rechtsbogen:

Die obige Folge zeigt die Buchstaben: **s   v   w   r   y   z   p**

Besonders zu beachten ist, dass wie bei allen Buchstaben des Sütterlin-Alphabets die Rundungen möglichst offen zu schreiben sind. Das **s** ist formgebend für diese Buchstabenreihe. Hierbei wird der erste Bogen kreisrund, jedoch der obere Teil oval geschrieben.

Die Kreuzung innerhalb des Schriftzeichens liegt nicht exakt auf der Linie, sondern leicht versetzt, sodass ein Zwischenraum entsteht. Zudem darf am oberen Ende keine Schlinge entstehen.

Bei den Buchstaben **r**, **v**, **w** und **y** stellen die Schleifen den unteren Teil des **s** dar. Es ist darauf zu achten, dass diese deutlich geschrieben werden, da der Abstand zwischen dem Verbindungsstrich und dem Bogen bei dieser Zeichengruppe verengt ist. Das kleine **z** beginnt mit einem offenen Kreisbogen, wird mit einer Schleife zwischen den Mittellinien weitergeführt und endet mit einem Schnittpunkt leicht über der Linie.

Das **p** wird mit einem kreisrunden Bogen begonnen, der die mittlere Unterteilung nur bis zur Hälfte ausfüllt. Anschließend wird der Abstrich an der oberen Linie begonnen. Es entsteht somit ein Zwischenraum zwischen Abstrich und Bogen.

Buchstaben mit Linksbogen

Die obige Folge zeigt die Buchstaben: **o ö a ä q g d x**

Bei dieser Gruppe an Buchstaben sollten auch wieder alle Formen möglichst breit und offen geschrieben werden. Im Gegensatz zur früheren Schrift verschmelzen die Schleifen nicht in einem Punkt, sondern sind offen.

Wie bei der Gruppe der Buchstaben mit Rechtsbogen gibt es auch hier eine Grundform. Das **o** bildet die Vorlage für die weiteren Zeichen. Aus dem Abstrich folgt ein Kreisboden, der in einer kleinen Schleife endet. Der Verbindungsstrich zu den anschließenden Buchstaben ist hierbei langgezogen. Anders ist dies bei **a**, **q** und **g**. Dort wird der Abstrich kurz und dicht neben dem Aufstrich gesetzt. Die beiden Schriftzeichen **q** und **g** unterscheiden sich lediglich in dem Punkt, dass der Unterteil des **g** mit einer Schleife versehen ist.

Die obere Schleife des Buchstaben **d** wird durch eine senkrechte Linie auf der linken Seite des Bogens beendet. [19]

---

[19] Vgl.: Melchior, Friedrich: Neugestaltung des Schreibunterrichts nach Sütterlin. S. 25.

Bei der Ausführung des **x** ist darauf zu achten, den Bogen nicht vollrund und nur bis zu Hälfte der Mittellinie darzustellen.

Buchstaben mit senkrechten Oberlängen

Die obige Folge zeigt die Buchstaben: **t   k**

Im Gegensatz zu den meisten Aufstrichen im Sütterlin-Alphabet werden bei **t** und **k** diese nicht gerade, sondern leicht gebogen gezogen. Außerdem laufen Auf- und Abstrich im oberen Teil zusammen. Während das **t** ohne Absetzen verschriftlicht wird, muss beim **k** abgesetzt werden. Dort wird an den Stamm ein „Rucksack" angehängt, der stark der Ziffer 2 ähnelt. Die Endschleife wird mit einem Aufstrich fortgeführt. Dadurch wird eine bessere Verbindungsmöglichkeit zu den folgenden Buchstaben gewährleistet.

Buchstaben mit senkrechten Ober- und Unterlängen

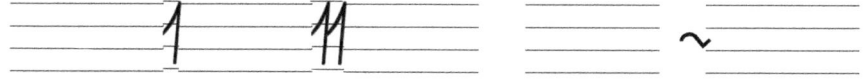

Die obige Folge zeigt die Buchstaben: **s   ss   ß   ß** mit Verbindung

Für die beiden Buchstaben s und ß gilt, dass die Aufstriche leicht gebogen sind und mit den Abstrichen ein Stück zusammenlaufen.

Das **ß** ist eine Kombination der Zeichen s und z. Dabei fungiert das s als Stamm, an dem sich das z anhängt. Bei Buchstaben, die auf das **ß** folgen, wird eine Verbindungsschleife mit zusätzlichem Aufstrich gezogen.[20]

---

[20] Vgl.: Melchior, Friedrich: Neugestaltung des Schreibunterrichts nach Sütterlin. S. 26.

Buchstaben mit Verschleifungen

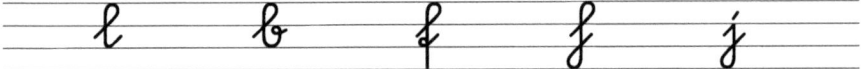

Die obige Folge zeigt die Buchstaben: **l   b   f   h   j**

Bei dieser Gruppe lassen sich alle Schriftzeichen bis auf **f** und **j** in Aufstrich mit Halbkreis und Abstrich mit Halbkreis zerlegen. Jedoch werden auch bei diesen beiden die Halbkreisformen wieder aufgenommen. Die Schleife beim **f** wird ohne Absetzen direkt am Stamm ausgeführt.

Der Buchstabe **b** beinhaltet in seinem unteren Teil das **o** mit einer zu Beginn aufwärts verlaufenden Schleife. Das **j** hat die Grundform eines **i** mit einer zusätzlichen nach unten verlaufenden Schleife.

2.3.2   Großbuchstaben

Buchstaben mit Linksdrehung

Die obige Folge zeigt die Buchstaben: **O   Ö   A   Ä   Q   G   D**

Wie bereits bei den zugehörigen Kleinbuchstaben muss hier auf weite und offene Formen geachtet werden. Es sollten keine Ovale entstehen, weshalb zu Beginn sofort nach links ausgeholt werden muss. Die Schleifen werden nicht rund und groß, sondern klein und horizontal gezogen. Bei **A**, **Q** und **G** sind die Abstriche senkrecht. Außer bei **Q** schließen sich an die senkrechten Striche Halbkreise an. Obwohl das **D** auf den ersten Blick nicht zu dieser Gruppe zu gehören scheint wird es aufgrund seiner Linksdrehung dazugezählt. Außerdem ist es durch den stark ausgeprägten Vorschwung eine Besonderheit unter den Sütterlin-Schriftzeichen. Der Vorschwung verhindert, dass das **D** mit dem sehr ähnlichem **d** verwechselt wird. Nachfolgende Buchstaben werden an die Schleife angehängt[21]

---

[21] Vgl.: Melchior, Friedrich: Neugestaltung des Schreibunterrichts nach Sütterlin. S. 27f.

Buchstaben mit Rechtsdrehung

Die obige Folge zeigt die Buchstaben: **S St N M R Z**

Das **S** ist die Grundform dieser Reihe. Damit ein voller Bogen entsteht muss sofort rund begonnen werden. Der Kreuzungspunkt liegt sehr weit oben, weshalb Kombinationen mit dem **S** schwerfallen. Bei der Verbindung **St** wird kein gesonderter Aufstrich gezogen, sondern direkt am Ende des **S** weitergeschrieben. Die Grund-S-Form lässt sich vor allem bei **N**, **M** und **R** deutlich erkennen. Das **Z** bildet eine vergrößerte Form des Kleinbuchstabens ab.

Buchstaben mit geradem Abstrich

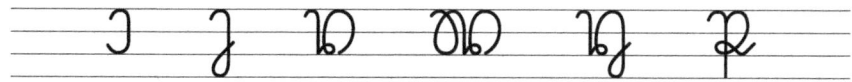

Die obige Folge zeigt die Buchstaben: **I J V W Y P**

In dieser Gruppe beginnen alle Buchstaben mit Ausnahme von **I** und **J** mit einem Kreisbogen. Außerdem bestehen alle Abstriche aus senkrechten Linien.[22] Wichtig bei **I** und **J** ist, dass beide mit einem Haken beginnen, die Abstriche eine Senkrechte sind und das **J** mit einem Kreisbogen endet. Aus dem kreisrunden Bogen des Kleinbuchstabens von **P** bekommt dieser nun einen „Rucksack" an den Stamm angefügt. Bei allen Formen dieser Buchstabenfolge wird beim Schreiben nicht abgesetzt.[23] Bei **V**, **W** und **Y** ist die Form der Kleinbuchstaben beibehalten. Sie werden nur vergrößert geschrieben.

---

[22] Vgl.: Melchior, Friedrich: Neugestaltung des Schreibunterrichts nach Sütterlin. S. 28f.
[23] Vgl.: Jungk, Waldemar: Mit Sütterlin zur Schul- und Lebensschrift. S.21.

Buchstaben mit sonstigen Auffälligkeiten

Die obige Folge zeigt die Buchstaben: **L   B   E   H   C   F   K**

Innerhalb dieser Reihe ist der sogenannte „Flammenbogen" ($\int$) verschwunden; übrig geblieben ist eine kleine Schleife. Einzig die Buchstaben **C** und **E** werden nicht in einem Zug geschrieben. Grund dafür ist, dass ohne Zweiteilung beim **C** die Gefahr einer Verwechslung mit **L** groß wäre. Der Großteil des Buchstaben **K** liegt im Zwischenraum der Mittellänge. Bei **L, B, E** und **H** liegt der Vorschwung auf der Linie und führt mit einer Schleife in der Oberlänge weiter. Vertikale Abstriche finden sich bei allen Buchstaben wieder, an denen sich im Anschluss ein Kreisbogen anknüpft.[24]

Zur Erstellung der Buchstabenzeilen in Sütterlin wurde der Font „Sütterlin 4", bereitgestellt von Pelikan in Zusammenarbeit mit will-software.de, angewendet.[25]

---

[24] Vgl.: Melchior, Friedrich: Neugestaltung des Schreibunterrichts nach Sütterlin. S. 29.
[25] R.G. Arens: „Sütterlin".

3 Der Normalschrifterlass

3.1 Vorgeschichte

Der bislang große Erfolg der Sütterlin-Schreibschrift im Schulunterricht nahm während der Regierungszeit der NSDAP eine überraschende Wende.

Während der Zeit des Nationalsozialismus galten die Schriftarten Sütterlin und Fraktur anfangs noch als etwas „Urdeutsches". Teilweise wurde jüdischen Verlagen die Verwendung verboten.[26] Die Einführung der Sütterlinschrift in den Lehrplan der deutschen Schulen wurde 1934 ausschlaggebend durch die Nationalsozialisten als Schulausgangsschrift durchgesetzt.[27]

Nach der leichten Abwandlung von Ludwig Sütterlins Schrift, wurde diese zur „deutschen Volksschrift" ernannt, „die jedes echte deutsche Schulkind"[28] verwenden sollte. Die Änderungen bestanden aus der Schrägstellen der Buchstaben und der Wegnahme von Rundungen.

3.2 Das Ende der Sütterlinschrift

Doch bereits 1941 nahm Sütterlins Schreibstil ein überraschendes Ende. Neben der „neuen" Schreibweise waren auch Fraktur und Kurrent immer noch gebräuchliche Handschriften im deutschen Reich. Ein Erlass vom 04. Januar 1941 des Kanzleichefs Martin Bormann der NSDAP, im Auftrag von Adolf Hitler, untersagte von nun an die Verwendung der gebrochenen Schrifttypen. Dieser war jedoch nicht für die Öffentlichkeit bestimmt. Am 01. September desselben Jahres veröffentlichte das Reichministerium für Wissenschaft, Erziehung und Volksbildung ein Rundschreiben an die Schulen, in dem stand, dass Sütterlin nicht mehr im Unterricht gelehrt werden darf. Die Begründung für das Volk hatte einen antisemitischen Ursprung.[29] Die Herkunft der Fraktur- sowie der Kurrentschrift wurde auf die im 15. Jahrhundert entstandene

---

[26] Vgl.: Becker, Claudia: Sütterlin, so korrekt wie eine preußische Armee.
[27] Vgl.: Reimers, Bettina Irina: Ludwig Sütterlins Konzept einer Schrift – Methode und Praxis des Schreibenlernens. S. 251.
[28] Becker, Claudia: Sütterlin, so korrekt wie eine preußische Armee.
[29] Vgl.: Reimers, Bettina Irina: Ludwig Sütterlins Konzept einer Schrift – Methode und Praxis des Schreibenlernens. S. 252.

Schwabacher Schrift zurückgeführt. Diese wurde von den Nazis als „Schwabacher Judenlettern" bezeichnet.[30]

Jedoch war es aufgrund der „Zunftgesetze"[31] zur damaligen Zeit nur Christen erlaubt, Druckereien zu betreiben oder dort beschäftigt zu sein. Daher war es unmöglich, dass die Juden diese Buchstaben geprägt haben.

Somit zeigt sich, dass die antisemitische Begründung der NSDAP für das Verbot der gebrochenen Schriften nur dazu diente, die Öffentlichkeit für diese Entscheidung auf ihre Seite zu ziehen.

Die Nazis stellten fest, dass die Menschen in den besetzen Ländern und Bevölkerungsgruppen die gebrochenen Schriften nur schwierig oder überhaupt nicht lesen konnten. Dem Regime war es allerdings wichtig, dass Propagandaschriften und Anweisungen auch dort verstanden werden konnten. Deshalb sollten alle Schriftstücke auf die Antiqua-Schrift umgestellt werden. Für den Schulbetrieb musste fortan die lateinische Ausgangsschrift unterrichtet werden. [32]

---

[30] Vgl.: Reibold, Janina: Verbot der Frakturschriften durch die Nationalsozialisten.
[31] Ebd.
[32] Vgl.: Becker, Claudia: Sütterlin, so korrekt wie eine preußische Armee.

4 Die lateinische Schreibschrift

Neben der neuen deutschen Schrift erschuf Sütterlin außerdem eine neue Form für die lateinische Schreibschrift. Vorgesehen war, dass diese parallel zur Sütterlin-Schreibweise ab der vierten Jahrgangsstufe zusätzlich gelehrt wird.[33] Das Erlernen der Schriftzeichen fällt Kindern hierbei nicht mehr so schwer, da sie bereits daran gewöhnt sind, Feinheiten bei der Formgebung zu beachten.[34]

Die Formen sind ähnlich rund und offen gestaltet, aber im Gegensatz zur deutschen Schrift wird vermehrt mit Wölbungen und Kreisen geschrieben. Vor allem die starren Auf- und Abstriche sind bei der lateinischen Schreibschrift deutlich weicher geformt. Eine Gemeinsamkeit besteht darin, dass die Buchstaben **t, l, b, f, j** und **z** in beiden Alphabeten gleich geschrieben werden.[35] Ferner wurde eine große Anzahl der Großbuchstaben durch eine Vergrößerung ihrer zugehörigen Kleinbuchstaben dargestellt. Diese Entscheidung sollte laut Sütterlin „zur leichteren Erlernbarkeit"[36] beitragen.[37] Auch bei den Großbuchstaben finden sich einige Ähnlichkeiten mit den deutschen Formen wieder.

Nachdem die Sütterlin-Schreibweise nur für kurze Zeit Teil des offiziellen Lehrplans war, musste diese im Zuge des Normalschrifterlasses am 01. September 1941 ersetzt werden. Damalige Schulkinder lernten von nun an bereits ab der Einschulung die lateinische Variante von Sütterlins Schreibschrift.[38]

In Folge dessen haben die deutschen Gebiete ab der Mitte des 20. Jahrhunderts ihr Alleinstellungmerkmal in Form von gotischer bzw. gebrochener Schrift verloren. Damit haben Deutschland, Österreich sowie die deutschsprachige Schweiz sich den europäischen Ländern, die sich teilweise bereits seit der Renaissance oder des Humanismus für die lateinische Schrift entschieden haben, angepasst.[39]

Bis heute ist die lateinische Schreibschrift neben der vereinfachten Ausgangsschrift und der Schulausgangsschrift als Teil der Lehrpläne deutscher Schulen erhalten geblieben.[40]

---

[33] Vgl.: Jungk, Waldemar: Mit Sütterlin zur Schul- und Lebensschrift. S.32.
[34] Vgl.: Sütterlin, Ludwig: Neuer Leitfaden für den Schreibunterricht. S. 86.
[35] Vgl.: Melchior, Friedrich: Neugestaltung des Schreibunterrichts nach Sütterlin. S.33f.
[36] Sütterlin, Ludwig: Neuer Leitfaden für den Schreibunterricht. S. 20.
[37] Vgl. ebd.: S. 20.
[38] Vgl.: Becker, Claudia: Sütterlin, so korrekt wie eine preußische Armee.
[39] Vgl.: Gutzwiller, Hellmut: Die Entwicklung der Schrift in der Neuzeit. S. 415f.
[40] Vgl.: Sadigh, Parvin: Schnörkel gegen den Kulturverfall.

5   Fazit

Abschließend ist zu überlegen, welchen Stellenwert die Schreibschrift in der Gesellschaft heute noch besitzt. Nach zahlreichen Reformen ist der aktuelle Stand, die sogenannte Grundschrift in ganz Deutschland einzuführen. Momentan gelten für jedes Bundesland unterschiedliche Regelungen und innerhalb der Länder können die Schulen individuell entscheiden, welche Schriften sie unterrichten möchten. [41]

Das Lernen der Schreibschrift steht sogar nicht mehr explizit im Lehrplan, wodurch nun schon einige Schulen diese komplett abgeschafft haben. Nun führt das aber zu Folgeschäden im gegenseitigen Verständnis, denn wenn ein Kind die Schreibschrift nie gelernt hat, so kann es diese auch nicht lesen. Folglich könnte es dadurch auch innerhalb unserer Gesellschaft zu Problemen in der gegenseitigen Kommunikation kommen.[42]

Kann dadurch bereits von einem Kulturverlust gesprochen werden? Nein, denn wenn von Kultur gesprochen wird hängt dies nicht nur von einer bestimmten Art der Schrift ab.

Sonst hätte dies auch schon bei Sütterlin als Verlust der Kultur angesehen werden müssen.

Jedoch wäre es etwas anderes, wenn von nun an die Schriftlehre in der Grundschule komplett unbeachtet bleiben würde und die Priorität auf das Tastaturschreiben gelegt werden würde.[43]

Mit der zunehmenden Digitalisierung an deutschen Schulen besteht die Gefahr, dass das Erlernen einer Schreibschrift an Bedeutung verliert. In dem Fall ist dann doch von einem Verlust eines Teils unserer Kultur auszugehen.

---

[41] Vgl.: Müller-Lissner, Adelheid: Streit ums Schreiben.
[42] Vgl.: Meyer, Alexander: Schreibschrift aus Lehrplänen gestrichen.
[43] Vgl.: Faktencheck Grundschule: Populäre Vorurteile und ihre Widerlegung. S. 19.

6   Quellenverzeichnis

6.1   Literaturverzeichnis

Becker, Claudia. „welt.de." *Sütterlin, so korrekt wie eine preußische Armee.* 21. März 2015. https://www.welt.de/geschichte/article138629894/Suetterlin-so-korrekt-wie-eine-preussische-Armee.html (Zugriff am 16. Juli 2019).

Geschier, Karl. *Die neue Schrift (Sütterlin).* Stuttgart, 1932.

Grunschuldverband. „Faktencheck Grundschule - Populäre Vorurteile und ihre Widerlegung." Mai 2018.

Gutzwiller, Hellmut. *Die Entwicklung der Schrift in der Neuzeit.* Bd. 38, in *Schriftgeschichte, Siegel- und Wappenkunde,* 381-514. AfD, Archiv für Diplomatik, 1992.

Jungk, Waldemar. *Mit Sütterlin zur Schul- und Lebensschrift.* Berlin, 1930.

Konersmann, Paula. „welt.de." *Warum alle Schüler seine Schrift lernen mussten.* 23. Juli 2018. https://www.welt.de/geschichte/article170776193/Ludwig-Suetterlin-Darum-mussten-alle-Schueler-seine-Schrift-lernen.html (Zugriff am 4. Juli 2019).

Müller-Lissner, Adelheid. „Der Tagesspiegel." *Streit um die Schreibschrift in der Schule.* 1. Juli 2014. https://www.tagesspiegel.de/wissen/streit-um-die-schreibschrift-in-der-schule-schnoerkellos-ins-leben/10128802.html (Zugriff am 11. August 2019).

Melchior, Friedrich. *Neugestaltung des Schreibunterrichts nach Sütterlin.* Berlin, 1931.

Meyer, Alexander. „Focus Online." *Schreibschrift aus Lehrplänen gestrichen.* 16. November 2017. https://www.focus.de/familie/lehrerin-warnt-vor-schlimmen-folgen-schreibschrift-aus-lehrplan-verbannt-schueler-verdummen_id_7853630.html (Zugriff am 11. August 2019).

Reibold, Janina. „Verbot der Frakturschriften durch die Nationalsozialisten." *Unimut,* 2010.

Reimers, Bettina Irina. „Ludwig Sütterlins Konzept einer Schrift – Methode und Praxis des Schreibenlernens." In *Die Materialität des Schreiben- und Lesenlernens. Zur Geschichte schulischer Unterweisungspraktiken seit der Mitte des 18. Jahrhunderts,* von Sabine Reh, & Denise Wilde. Bad Heilbrunn: Julius Verlag, 2016.

Sütterlin, Ludwig. *Neuer Leitfaden für den Schreibunterricht.* Berlin, 1926.

Sadigh, Parvin. „zeit.de." *Schnörkel gegen den Kulturverfall.* 26. November 2017. https://www.zeit.de/gesellschaft/schule/2017-11/schreibschrift-grundschrift-schule-streit (Zugriff am 11. August 2019).

Schultz, Björn. „altdeutsche-schrift.org." *Ludwig Sütterlin und andere Erneuerer der altdeutschen Schrift im 20. Jahrhundert.* 27. Dezember 2016. http://www.altdeutsche-schrift.org/suetterlin/ (Zugriff am 13. September 2019).

6.2 Tabellenverzeichnis

Tabelle 1 - Alphabet nach Sütterlin 6

Tabelle 2 - Zahlen nach Sütterlin 6

6.3 Fonts

Arens, R.G. „Sütterlin." Universität Saarbrücken, 1995.

Pelikan / will-software. „Suetterlin 4."
www.pelikan.com/pulse/Pulsar/de_DE.CMS.displayCMS.209822./schriften-download-suetterlin, 2010.

BEI GRIN MACHT SICH IHR WISSEN BEZAHLT

- Wir veröffentlichen Ihre Hausarbeit, Bachelor- und Masterarbeit

- Ihr eigenes eBook und Buch - weltweit in allen wichtigen Shops

- Verdienen Sie an jedem Verkauf

Jetzt bei www.GRIN.com hochladen und kostenlos publizieren